潮牌之路
BIGGER THAN THIS

如何打造黄金品牌
How to turn any venture into an admired brand

〔美〕费比恩·盖罗尔特 /著　王国平 /译
(Fabian Geyrhalter)

如何将你的企业打造成一个众人仰慕的品牌？

中华工商联合出版社

图书在版编目（CIP）数据

潮牌之路：如何打造黄金品牌 /（美）费比恩·盖
罗尔特著；王国平译. -- 北京：中华工商联合出版社，
2021.7

书名原文：BIGGER THAN THIS: How to turn any
venture into an admired brand

ISBN 978-7-5158-3038-4

Ⅰ.①潮… Ⅱ.①费… ②王… Ⅲ.①品牌-企业管
理 Ⅳ.①F273.2

中国版本图书馆CIP数据核字（2021）第 142333 号

BIGGER THAN THIS – How To Turn Any Venture Into An Admired Brand By Fabian
Geyrhalter
Copyright © 2018 by Fabian Geyrhalter
Original English language publication 2018 by Brandtro Publishing, California, USA. Published
by arrangement with InterLicense, Ltd., through The Artemis Agency.

北京市版权局著作权合同登记号：图字01-2021-2992

潮牌之路：如何打造黄金品牌

作　　者：[美]费比恩·盖罗尔特
译　　者：王国平
出 品 人：李　梁
责任编辑：胡小英
装帧设计：周　琼
排版设计：水日方设计
责任审读：李　征
责任印制：迈致红
出版发行：中华工商联合出版社有限责任公司
印　　刷：三河市宏盛印务有限公司
版　　次：2021 年 8 月第 1 版
印　　次：2021 年 8 月第 1 次印刷
开　　本：32 开
字　　数：180 千字
印　　张：5.875
书　　号：ISBN 978-7-5158-3038-4
定　　价：58.00 元

服务热线：010－58301130－0（前台）
销售热线：010－58302977（网店部）
　　　　　010－58302166（门店部）
　　　　　010－58302837（馆配部、新媒体部）
　　　　　010－58302813（团购部）
地址邮编：北京市西城区西环广场 A 座
　　　　　19－20 层，100044
http://www.chgslcbs.cn
投稿热线：010－58302907（总编室）
投稿邮箱：1621239583@qq.com

本书献给
致力于打造拥有长久生命力的品牌的
企业管理人员

CONTENTS | 目录

|

PREFACE | 序言

　　品牌的真实性，类似品牌故事、技术创新、市场分裂等，成了营销领域中的一条流行术语。为了驾驭现有市场浪潮，有人经常模糊其含义，恣意滥用，甚至完全曲解本意。与所有新奇术语一样，品牌的真实性也是基于一个隐含的事实。只要品牌没有过分夸大产品，真实性毫无疑问就是品牌的重要属性。费比恩·盖罗尔特在本书中，撇开一些陈词滥调，阐述了塑造品牌的关键要素，分析了利用品牌的具体方法，以期达到品牌效应，将产品价值最大化。他的语言通俗易懂，没有枯燥乏味的概念，通过列举大量实例，探讨如何让看似寻常不起眼的产品，在市场上重新激起消费者的热情。他认为，品牌并不完全是为了宣扬某个全新产品，让消费者感到兴奋；营销人员还应该以诚实的态度，认真仔细地讲好品牌故事，以便消费者了解产品和它的价值，并且接受它的价值。

众所周知，我们钟爱的每个品牌都有它的核心价值。不久前，某广告公司发布了自己的产品广告，但因其有夸大其词的宣传，最后产生了负面效应。无可否认，有些品牌故事欠缺深思熟虑，有时候甚至还会招来嘲讽和讥笑，无法让消费者产生兴趣或激起购买欲。我们吃的玉米片，不管批量生产于哪家工厂，其早餐营养价值都会存在，因为玉米片的包装盒上清清楚楚地写着营养成分；还有香烟，叼在嘴里时会让我们觉得很性感，很时尚或者有男人味。品牌只有传播真实的内容，消费者才会相信其宣传。个别不良商家偶尔推出虚假广告，但总会遭到热心人士或市场监管人员的制止。

　　随着互联网和社交媒体的普及，人们可以分享自己喜欢的品牌，并相互交流体验。任何机构、个人或其产品，都不可能逃脱人们的审视。因此，不管是哪个银行，哪家有限电视台，哪家食品制造厂，还是哪个保险公司，哪个电信公司……那些欺骗消费者的品牌，最终都会被人们所唾弃，无一例外。

　　同时，由于科技创新的脚步加快，很多新设施和新的服务产品不断涌现，让人应接不暇；

而且，人与人之间、人与外界之间互动交流的方式，都在悄然发生变化，给人极大的挑战。信息潮涌、模式裂变，即使那些专业的数字技术人员，都觉得无从下手，压力山大。于是，品牌应有的核心价值逐渐消失。

很显然，无论是新品牌还是旧品牌，只要能传达出简约明晰、人文关怀、生产工艺的内涵，消费者一般也能接受。这同时也就给产品带来了巨大的商机。我们直观地认为，手表是告诉我们时间的，鞋子是用来保护双脚的，威士忌就是用来喝的，其他任何解释都是多余的。比起轻松地阅读读创业者有趣的品牌故事，谁还愿意去看像杂志那么厚的产品说明书呢？

本书作者费比恩对如何打造潮牌这个主题情有独钟，我也深受感动。差不多20年前，我和费比恩相识，一起携手合作，让讴歌（Acura）牌汽车在数字时代迎来新生。这些年来，他执着于品牌研究，尤其是老产品的形象再塑、新产品如何一鸣惊人等方面的探索，其工作热情和乐观态度与日俱增，这让他在该领域成为了一名相当出色的专家。最让人耳目一新的是，通过对营销方面的问题持之以恒地严谨洞察、专注分析，费比恩终于写就了本书。这本书没有太多高深的哲学思考，实际上它就是一本指导手册，告诉大家如何挖掘产品潜在的价值，哪怕是一些最普通、最常见的产品或服务，都可以来尝试。如果你仔细阅读本书，一定能借鉴其成功之道。

——大卫·格雷丝（David Glaze）

美国亚马逊公司创意部总监

品 牌 包 装

　　我开始落笔写这本书是在一个星期六的晚上。那天正值万圣节的前夜，屋子外面的嘈杂声一阵接一阵，节日应有的气氛十分热烈。叫声此起彼伏，大家可以感受到这是一次有组织的狂欢活动，他们的穿着和装扮与平常完全不同：有的过分性感，有的让人毛骨悚然，有的更是滑稽搞笑。

　　在受过教育的消费者看来，打造品牌其实好比万圣节化装：刻意装扮自己，吸引特定客户的注意，点燃他们的激情（激发他们的购买欲），实现自己的预期目标。但是，品牌宣传不需要像万圣节那样弄得十分恐怖。化装游戏活动的高潮好比企业现场做广告、推销和宣传品牌。这看似一场精心策划的活动，但遗憾的是，这种品牌推广方式，似乎不再为消费者所接受，不得不放弃。因为消费者希望看到真实的品牌，要求公开产品的信息，要深层次地参与企业对话，这就是时代发展的要求。随着社交媒体的广泛运用，新生代消费者参与品牌塑造的积极性日益高涨，品牌塑造的方式和手段必须能够让他们接受并获得认可。如果我们的品牌不能适应，那将会像在万圣节化装舞会上受到惊吓一样，噩梦马上就会到来。对聪明的初创公司老板来说，这是一个宣传自己的极好机会，能迅速找到大批消费者，并与他们建立起联系。

不要尝试推动一座山，而是让山来推动你。

创作歌手
斯盖拉·格蕾（Skylar Grey）

上个周末，我沿着海边骑自行车时，听到有人在唱斯盖拉·格蕾的一首歌《推动一座大山》。听到那句"不要尝试推动一座山，而是让山推动你"时，我突然想到，大家十分喜爱的一些新品牌，也并不全是依靠新技术和新发明来博眼球，反而是一些很常见产品。它们依靠品牌包装，吸引了大众眼球，然后出现了许许多多的追捧者。这些产品并没完全推翻旧市场来赢得消费者，如优步（Uber），依靠新兴起的网络平台提供租车服务，或者像美发沙龙Drybar，通过干吹给客户全新的体验。事实上，很多大众产品，稍微改换一下包装再来宣传推广，就会变成热销品牌，而且我们也都很乐意接受。这就是让"山"来推动它们，让忠实的消费者来推动品牌塑造。它能够激起消费者的购买热情，同时

　　尽管我对我们出售的食品真心感到自豪，但我也不愿意跟客人说，我们就是卖快餐的。我知道，如果我们的厨师听我这样说，他们一定会非常生气。所以，我们必须弄清楚，我们的回头客要的是什么——怎样体验我们的优质服务——否则他们就不会再来了。"

快餐店Shake Shack的创始人
丹尼·梅耶（Danny Meyer）

能帮助企业提升品牌形象，这就是打造潮牌的成
功之路。

　　这本书并不是分析：

鞋子

和

运动袜

和

手表

和

家具

和

订书机

等产品本身的一本书——虽然实际内容上，确实有部分是这样的——但总体上来看，该书还是在研究上述产品的品牌故事：如何塑造、提升这些产品品牌，让它们在市场上创造比产品本身更大的价值。其实，我个人非常喜欢研究初创企业的产品创新和设计，以此提升顾客体验，帮助企业构建品牌。这一爱好不知不觉让我重新去思考如何打造品牌形象，而不是关注产品本身，我觉得自己更在意的是品牌的创新。与那些产品研发者相比，我更注重品牌的塑造和提升。

我经常为一些品牌专栏写文章。有一天整理笔记时，我突然想要出一本小册子，它应该可以为初创企业提供操作性极强的指导。初创企业需要包装自己的产品，需要深层次地与用户对话，以便树立一个大众乐于接受的品牌形象。我相信，只要能得到专业人士的指点，即使你生产的是再普通不过的产品，也能让消费者对你青睐有加。

在本书中，我挑选了市场上畅销的八种产品，通过大量实例，逐一分析其品牌特征。我相信，每个企业管理者和营销人员读完这本册子，都会从我的案例分析中得到有益的启迪，并在与客户的沟通活动中，不知不觉地与我产生共鸣。

毫无疑问，这本书出版的时候，我提及的某些公司，可能已经改变了原来的品牌经营战略。因为企业要发展，必须随时调整自己的经营战略。在通向品牌成功的路上，本书中的建议具有极高的参考价值。

管理者必须具有这样全新的理念：从关注产品本身，转变到关注客户需求！因为产品可以自我完善。

E.F.舒马赫（E.F.Schumacher）
世界知名经济学者和企业家
《小即是美》的作者

颠覆性创新时代的品牌复兴

我们生活的时代是一个科技日新月异、技术不断创新的时代。基本上，每天，我们都能了解一项令人惊叹的新技术，尝试一个带来便捷感的小程序App，体验一种比昨天更方便的新服务。两年前我们做梦也想不到，购物会变得如此之容易（如亚马逊的当日送达服务，在线处理订单时间不会超过1小时）。许多服务项目依赖人工参与，就像我们购买货物、送货上门，要一步步完成。如果你要购买一些高科技产品，会有专门的"产品顾问"来帮助你，帮你搞定一切专业问题。现在，每个人都能好好享受企业为大家提供的周到服务！

不过，我在本书中没有详细探讨这些高新技术公司以及他们制造的产品。本书中，我只着重于分析如何将普通产品通过品牌包装让它们的价值得到提升。这些产品的技术含金量不一定很高，但是，最后它们都成了消费者追捧的对象，比如汤姆斯（TOMS）的布鞋和席诺娜（Shinola）的手表。它们并没有创新设计或者与众不同的功能，就是很普通的布鞋和手表，但消费者就是很喜欢它们，甚至爱不释手。

这些产品的相关介绍都包含在我之后要讲到的"为什么我要买它"这一内容中，里面包括产品的DNA。不过这里的DNA不是遗传给后代的基因，而是关于产品的广告和品牌的真实宣传。

当我们向消费者推销一件很普通的产品时，

他们自然会问：我为什么要买它？比如看到一双鞋时，他们就会想，为什么我要买这双很普通的鞋？这就是我们要讨论的产品DNA，也就是我们的品牌包装。

"我为什么要买它？"这个问题，值得品牌管理者三思，当然，作为营销人员，也要认真研究。

把这个基本问题延伸一下，就变成了以下几个问题：

"为什么顾客突然想买我这个很普通的产品？"

"如何进行包装，让这个品牌受欢迎，怎样包装才能显得精美大方，让消费者感到满意？"

"如果可行，怎样让员工把时间和精力全心全意花在打造品牌上，而不会觉得日复一日地工作很无聊、毫无激情？"

> **重要的不是你的产品本身，而是你如何打造其品牌。**
>
> ——加州威尼斯旗舰店IOAN团队

硅谷地区的企业持完全相反的观点。那儿每家初创公司似乎都会以产品或服务创新为驱动，或在现有产品或服务组合上增加创新元素。既然产品需要品牌来包装，那么品牌所有者理所当然要对社会承担负责。毕竟年轻人都想与众不同，那些专门为年轻人设计个性产品的公司，就能获得更大收益，销售布鞋的TOMS、制造眼镜的Warby Parker，就是这样的典型代表。TOMS卖的布鞋样式单一，有阿根廷式普通藤底鞋，还有

法兰西经典帆布鞋；而Warby则卖廉价镜框。本
书仅列举了部分带公益性质的企业，它们都有很
好的品牌效应和公众形象。其实，很多企业都有
自己的品牌战略。我在后面专门讲到了那些生产
普通产品的企业，它们通过品牌包装赢得了消费
者的青睐，这些包装远远胜过一场耀目却短暂的
慈善活动，能更长久地吸引客户的持续关注。

现实生活中，好品牌总是能吸引人们的眼
球。人们也习惯将品牌形象与自身形象关联在一
起，从中找到认同感，而且特别愿意把这种感觉
与人分享，以便汇聚志同道合的朋友。为了展示
自己崇拜的品牌，喜欢收听全国公共广播电台本
地频道的人，就会在自己的爱车尾部粘上电台的
标贴；喜欢听滚石乐队演唱会的人，就爱穿上滚
石乐队的巡游T恤参加周末早午餐派对；酷爱手

即使是在令人激动的数字时代，最高端和先进的技术，也不能取代人际交往活动带给企业的裨益。

吉姆·布雷特（Jim Brett）
美国著名家居品牌West Elm和
商业杂志《快公司》（*Fast Company*）总裁

机应用软件App的人，装上一款新App后，时不时就会拿出来炫耀。通过各种方式，大家相互分享与自己爱好相近的东西，似乎这样，可以造就我们个人的品牌。不管是有意识或无意识的，但我们确实都在这样做。然而新媒体时代的到来，我们打造品牌的方式、品牌占领市场的方法、通过品牌开展营销的方式、消费者对品牌认知的程度等等，一切正在悄悄地发生变化。

这些改变都是因为社交媒体的作用。很多消费者，尤其是年轻人，都为自己是社交媒体的早期使用者而自豪，他们通过分享新发现来建立自己的个人品牌。其实这并不是什么新生事物。几年前，就有年轻人穿着印有他们喜爱的乐队图案的T恤，在演出前不停呼喊赞助商的名字。今天，人们开始欣然接受新变化。随着网络众筹平台（如Kickstarter和Indiegogo等）的兴起，以及社交网络上每天、每时、每刻新产品和新服务的发布，年轻一代的消费者相信，产品创新将是企业的惯例。因此，他们更愿意接受新品牌，甚至把自己辛苦挣来的钱，投资在一些未来产品或还处于试验阶段的产品上，期望它们变为现实产品。这些新产品一旦成功上市，他们会非常乐于接受，然后在社交媒体上向自己的追随者大肆宣传。他们这样做的目的，是为了证明自己是新技术的接受者，是新生事物的尝鲜者，并且为自己感到自豪。因此，年轻的消费者热捧自己发现的新品牌，并真正希望看到它们一步步走向成功。

与初创企业相比，现在的大品牌不再像以前那样，能够轻而易举地获得消费者无条件的信

任，因为初创企业也需要与这些大品牌抢占市场，这是前所未有的现象。我们的营销活动和品牌创建正处在一个关键时刻，一些企业要么是没资源去包装品牌，要么是不愿意去包装。后者的可能性更大。

进入新媒体时代，消费者为了表示对品牌的信任，每个人都乐于在网上不定期分享产品视频、产品包装和产品故事，有人甚至在实际购买产品之前就已经对该产品产生了足够的信任。如果某个品牌上市之前就已经赢得了众多潜在消费者的青睐，那么该公司就不用花大量资金在营销推广上了。不过，还是有可能出现陷阱的：消费者在用过产品后，觉得实际体验并没有广告上讲的那么理想，就会有一种上当受骗的感觉。他们在媒体上分享感受时会表达出对广告的不信任，认为自己太天真了，被欺骗了。各种负面帖子会在网络上大量传播，成千上万的人很快就能看到这些评论，甚至传统媒体也会有这方面的报道，这样新产品的形象会因为媒体传播而大打折扣。2019年初上映的电影《地表最烂：FYRE豪华音乐节》讲述的就是这样一个例子：2017年，观众期待许久的一场豪华明星阵容会在巴哈马斯演出，结果演出时的场面根本没有广告宣传的那么豪华，观众们纷纷在社交媒体等渠道上抱怨这次演出。之后，演出主办方还承担了法律责任。《纽约时报》（*New York Times*）记者卡里娜·乔卡诺（Carina Chocano）写道，"我们经历了多次经济转型：从工业经济到消费者经济，从消费者经济到服务经济，从服务经济到信息经济，从信息经济甚至再到公开剥削经济——这个时代，人们更愿意接受品牌故事传达的信息，它取代了产品广告，甚至取代了产品本身。比如，**一家牛排店，商家愿意用煎牛排的嘶嘶声去做推广，因为客户更喜欢听到煎牛排时发出的嘶嘶声，而不是仅仅看到牛排本身**。"事实上，这种声音就代表了吃牛排的气氛，能让牛排卖得更好。牛排本身是一个很普通的产品，只要它符合顾客的预期需求，营销手段就能获得成功。

因此，当今时代，初创企业或新品牌，通过实施品牌组合战略的营销模式，有机会快速打入市场；当然，如果处理不当，即刻就能毁了品牌。就像电影《地表最烂：FYRE豪华音乐节》所讲的，走入一个相反的方向，我喜欢称之为"自我大毁灭"。一方面是因为消费者能够很快接触到新产品，另一方面，企业也能让新产品更快上市。但是，我们非常容易忽略产品的价值和我们如何来传达这些价值。只有那些价值定位比较清晰的产品，再结合适当的品牌包装，我们才能够让产品规避风险，长久赢得消费者。否则，初创企业可能就此止步发展，或瞬间走向倒闭。

> **比起产品本身，人们更应该讲好品牌故事。接受这个观点，梦想就有可能成为现实。**
>
> ——卡里娜·乔卡诺《纽约时报》记者

品牌战略对任何一家企业来说，过去重要，现在仍然重要。定制的色拉布软件Snapchat

（"阅后即毁"照片分享应用软件）过滤程序已经取代了其品牌标志图案，但色拉布的品牌标志，仍然在其追捧者心目中永存。在本书后面的章节中，我会讲到打造品牌的方式发生了怎样的大转变——过去是伪造品牌，现在是真实塑造。

显而易见，TOMS就是一个成功打造品牌的典型：

刚开始注重"为何"消费者选择我，

然后思考"怎样"满足消费者需求，

而不仅仅关注产品本身，

最后才着手打造"什么样"的品牌。

这样，品牌似乎就变成了公司雇员、投资人

和消费者等共有的优质资产。这些产品价值理念推动了品牌创建过程。《财富》杂志编辑艾琳·格里菲斯（Erin Griffith）2017年5月写道，"现在，风险投资人越来越看重企业的价值观、决策层的道德观、产品的透明度。"情感共鸣已成为品牌的新规范。

虽然我列举的实例都是大众商品，但我并不认为这些产品缺乏创新。其实，从它们实打实的品牌营销思维和行动中，大家完全可以学到大量有用的信息，比起特斯拉（Tesla）或优步这种创新型的企业，投资生产一件普通产品，打造其品牌是核心，要让企业和消费者间有一个更畅通、更深入的沟通渠道。在我看来，这就是创业者和营销人员要特别关注的地方。

如果打造这些普通品牌都取得了成功，它们

的成功经验就可以帮助其他企业在建立客户关系中走得更远！

本书回避了那些仅仅靠数字技术发展壮大起来的品牌，因此读者看不到丹尼尔·威灵顿（Daniel Wellington），它是通过社交媒体专卖廉价手表；也看不到床垫独角兽紫色（Purple），它主要是利用互联网下单就能快捷送货上门，而赢得无数追随者的。在我看来，它们并没有令人赞赏的品牌故事，只是刚好适应了产品—市场—潮流，现代史上每年有很多类似的公司，如瑞士"快速时尚"手表制造商斯沃奇（Swatch），就是在20世纪80年代红遍一时的。

本书也没有谈及那些看似靠巧妙手段打造大众商品品牌，实则依赖产品创新方式的企业。

例如，连锁高尔夫球俱乐部（Topgolf）。尽管高尔夫娱乐设施几乎颠覆了原本日渐衰落的高尔夫运动，但TopGolf公司以颠覆性的方式，在自身经验的基础上进行大胆创新。对我来说，它是一个创新的品牌，而不是一个普通商品的品牌。在注重体验的基础上，TopGolf公司创办人沿着打保龄球的思路，打破了该运动在乡村俱乐部的形象，并将其转变为一种人人可接近的真正的社交活动：一边玩着照片分享软件Instagram，一边悠闲地品着手工鸡尾酒，把竞争激烈的环境置之度外，与朋友谈天说地，自由享受闲暇乐趣。

我在书里面只讲了那些生产普通产品的公司，它们的产品和服务本身没有任何技术创新。我认为，它们能够取得如此成就，主要原因来

自它们独特的产品定位和品牌宣传。如果不是专
注实施产品创新战略来达到市场颠覆的目的，每
个企业管理者都应该能很容易学会它们的成功经
验，并运用到自己的品牌塑造工作中。

八种产品的品牌特征及其
管理规则

　　每当有人给我推荐企业成功秘诀方面的书籍时，我总是会问："你认为书中的重点是什么？"他们讲完后，我就点头称赞，表示由衷感谢，因为我从中学到了一些东西。之后，他们又补充说，你得仔细阅读。其实，我一般都没有再看，因为每本书只有一条值得掌握的要点，我觉得我最好回去再翻20本书，找到20条要点，把它们逐一用到我的生活和工作中来。我一贯喜欢简约风格，在本书中，我尽可能将我的建议提炼到几页纸中，而且把重点都标记出来，以便你们觉得它易读易懂，充满乐趣，而且可操作性强，希望这本书对你们是一个福利。

本书介绍的八种商品的品牌特征及其管理规则，读者可以采纳其中一个，也可以采纳多个。其实，那些精准定位产品的企业不止有一个特征。如读者所知，真正理解塑造品牌的企业很少只接纳其中一个，他们可以用下文介绍的不同方式，与消费者群体建立关系，形成自己的品牌。

你如果相信我书中的那些管理规则，而且想把它们运用到你的企业经营中去，那么这些规则的应用就不应仅仅停留在营销活动层面。如果能做到上述几点，定会让你的产品在同质化竞争中脱颖而出，受到用户的青睐。

第一章

品牌故事

品牌背景故事比产品更重要

大多数消费者总可以看到品牌宣传故事，也愿意相信那些故事内容。故事内容大都和产品有着直接的联系。读者可以从当今顶级品牌中找到很多例子，如生产美白用品的多芬公司（Dove），用独特方法磨制咖啡的星巴克（Starbucks）。知名彩妆品牌露华浓（Revlon）的创始人查理斯·瑞弗森这样评价他的品牌：

"在工厂里，我们生产的是化妆用品；在商店里，我们销售的是（消费者）变美的愿望。"

现在，很多初创公司继续从内到外效仿这些品牌策略。比如民宿品牌爱彼迎（Airbnb）从著名的皮克斯动画工作室（Pixar）聘请了一位艺术家，帮助其团队围绕客户服务目标进行整合，并计划扩大其移动业务，宣传房东、客人和招聘经理的体验故事。这些故事提升了爱彼迎品牌的价值，促进了公司的运营发展。

宣传品牌故事内容可以极大地助推企业集聚消费者。商业咨询公司Origin最近的一次调查发现，如果一款葡萄酒附上酿酒商的书面介绍（产品故事），消费者选择该葡萄酒的可能性要高出5%，而且他们愿意多付6%的价钱。这是一个很有说服力的故事，可以帮助企业立即获得投资回报。由知名公关公司MWWPR开展的另一项调查发现，年龄在18～80岁的美国人中，有三分之一是"品牌追捧者"。他们认为，一家公司的行为和声誉，与它制造的产品同样重要。"营销人员如果只考虑产品自身的特征和属性，而忽略宣传公司品牌故事，这无异于把公司的收益和市场份额拱手让给别人。给消费者一个信任你公司的理由，他们将会成为你的忠实客户和品牌追捧者。"MWWPR的首席战略官卡伦·温特斯（Careen Winters）在广告周刊杂志（*Adweek*）上指出。

沃顿商学院教授亚当·格兰特（Adam Grant）在他的著作《给予与获得》中说："在教育界，宣讲故事也是同等重要的。"他讲述了这样一件事：在一所大学电话服务中心工作的校友，试图找到愿意为大学捐款的人。他们分两组打电话，要求其他校友为学校捐赠奖学金。甲组不停地拨打电话，说话语气不是很热心，大多数校友在接听的最初几秒钟就明确表示不感兴趣。乙组打通电话后，向校友娓娓叙说奖学金将如何改变受奖学生命运的故事。通过电话向校友简要地介绍那些受赠学生的来信内容，乙组募集到的捐款金融增加了三倍。其实，每封信就是一个故事，它把无形的东西变成了有形的东西，把看似无关联的东西变成了不可割舍的情感。正如格兰特所言：

> 比起数据分析报告，品牌故事更能激起一个人的情感，改变他的观点，还能让一件大众产品，成为一个内涵丰富的品牌。

2015年，旅行箱制造商Away推出了一本包装精美的小手册，名为《我们返回的地方》，收录了"一群富有创意而且非常风趣的人——作家、艺术家和摄影师"的专访。一共发行了1200本。消费者购买行李箱时，就会得到一张礼品卡（说是送一件行李），大概4个月后会送到。其实消费者收到的并不是行李，而是这本关于旅游知识的手册。手册不久就销售一空。Away公司如此快速成功打造品牌的故事，立马被媒体竞相报道，包括上述作家、艺术家和摄影家等创意人士纷纷撰稿。许多人认为，社会媒体对打造品牌起到了积极的助推作用。

你不必自己推广产品，

你只需编写一些故事，

让大家乐于口口相传、互动分享。

——简·鲁比奥（Jen Rubio）

《INC公司》（*INC company*）

　　"今天，《我们返回的地方》已经成为一本发行量很大的杂志，名称改为《这里为旅行者着想，由旅行者选择》，同时还在'飞行模式'播客的栏目《探索旅行缘由和发现最爱地方》上播放。鲁比奥还对《快公司》杂志补充道："有那么多旅行箱制造商，在宣传中他们却从不谈论旅行，简直太不可思议了。"充分满足用户的个性化需求，是Away公司成功打造品牌的根本原因。他们为了让未来的行李主人拥有一件自己专属的产品，专门聘请了设计师，将客户姓名的首字母手工绘在旅行箱上。

电视连续剧《实习医生格蕾》的主创珊达·瑞姆斯（Shonda Rhimes）在《福布斯》（*Forbes*）杂志上撰文说，"在这个言论自由和选择无穷大的时代，只有那些能够讲好品牌故事、赢得消费者人心的品牌才能掌握主动权。"只有讲好品牌故事，才能使品牌脱颖而出。每个在大学里上过市场营销课程或获得过工商管理硕士学位的人，可能都学过"独特的销售主张"理论，或USP（Unique Selling Proposition）理论。《品牌故事》的作者吉姆·西诺雷利（Jim Signorelli）说，新的"独特的销售主张"USP 理论就是"独特的故事主张"（Unique Story Proposition）。让你的品牌成为故事中的英雄人物，从而让消费者对你的品牌产生浓厚的感情，就像你崇拜一本书中或者最喜爱的电视连续剧中的英雄一样。**企业借助社交媒体对品牌故事进行宣传，消费者开始网络热搜，接着大量购买，于是品牌故事很快就变成了品牌黄金，品牌价值得以实现**。这就是"独特的品牌故事主张"，它能将品牌故事演变为品牌卖点。

人字拖公司（Combat Flip Flops）的创始人马太·格里芬（Matthew Griffin）就非常清楚上述观点。作为美国陆军骑兵，在阿富汗服役时，他偶然发现当地一家工厂为阿富汗士兵生产人字拖。士兵们祈祷时，要脱下靴子，再换上拖鞋。（回国后他在接受《INC公司》杂志采访时说，他遇见了一群令人尊敬的阿富汗士兵，经历了一段难忘的岁月）这时，他马上就意识到，如果把这些人字拖带回美国，照着它的设计开办一家制鞋厂，既可以创造工作机会，还能用赚来的钱支援像阿富汗这样饱经战乱的国家发展教育。格里芬坚信："有贸易往来就不会有战争。"他还鼓励他的家人朋友支持他的事业，帮他实现梦想。而今，格里芬公司网站上有这样一段话，用来描述他的公司理念："不为战争设计，只为和平祈祷"。该人字拖公司本身并没有什么出众的产品或服务创新，但它有一个比拖鞋更重要的产品故事，让它深受消费者的喜爱。因此，很多消费者说，"如果需要买拖鞋，我就选择这款人字拖，因为我也想成为它品牌故事中的一部分，成为一个热爱和平的人。"

独特的产品故事，会让你的产品成为一个好品牌。打造一个品牌的最佳方式，不一定要完全依靠产品创新。

案例分析：FISHPEOPLE SEAFOOD海鲜舫

售卖产品：海鱼

总部位于俄勒冈州波特兰市的Fishpeople Seafood海鲜舫，正如其店名所示，专门售卖海鱼供人食用。海鱼虽然是一种很普通的产品，但Fishpeople Seafood海鲜舫却与众不同，强调其经营理念是"追求品质优良，注重环境保护，担当社会责任。"自2012年创立以来，Fishpeople Seafood海鲜舫致力于"重新打造北美人与海洋的关系"，走差异化经营之路，注册成为B级资质公司，履行该类别企业在网站上的承诺："严格遵守环境保护标准，担当社会责任，公正公开透明。"Fishpeople Seafood海鲜舫似乎从初创之日起，就准备用产品故事打造企业品牌。经过几十年的发展，公司创始人在风险投资、时尚潮流等方面积累了丰富的经验；在联合创始人、工商管理硕士毕业的迈克尔·巴拉托夫（Michael Baratoff）的鼎力支持下，Fishpeople Seafood海鲜舫逐渐成长为一家品牌领先的公司。

Fishpeople Seafood海鲜舫这个品牌不仅仅建立在其高度的社会责任感上，它捕鱼的整个流程也是公开透明的（"追踪你吃的每一条鱼""与捕鱼人面对面"），因此让人觉得它的品牌故事真实可信。Fishpeople Seafood海鲜舫的产品包装袋上有一个编码，在公司网站上输入编码后，可以查询到你想了解的每一条鱼的所有信息：谁捕的鱼、在哪捕的、用哪条船捕的，等等。知晓这些信息、了解它的品牌故事之后，你吃起鱼来就会更放心。"人们都想知道自己吃的食物来自何方"，Fishpeople Seafood海鲜舫首席执行官CEO肯·普拉斯（Ken

Plasse），在接受我发送的邮件采访时说，"消费者还想知道企业是如何经营的，以及食物的加工过程，包括养（种）殖、抓捕（收割）、加工、包装和运输等环节是否会对环境造成影响。在整个美国，走到哪儿都可以发现，有人喜欢亲自去本地的农贸市场购买新鲜产品，也有人愿意在杂货店多花点时间查看产品标签。大家越来越强烈的食品安全意识告诉企业管理者，公开食物的来源信息，做到这一点十分重要。Fishpeople Seafood海鲜舫经营成功的秘诀，就是绝对保证一切食品信息公开透明。如果食品生产流程没有什么可以隐瞒的，那么消费者不仅会赞赏我们的做法，而且会成为我们品牌的追随者和推广者。"

当然，"追踪你吃的每一条鱼"的做法，也会引导消费者去关注公司网站，上面详细讲解了品牌故事的内容。该海鲜舫在其网站开了一个博客，介绍"美食背后的服务员"以及各种食谱和烹饪技巧等内容。你还可以在网站上购买印着"SO FISH TICATED"（检验合格的海味）的T恤。所以，一旦在Fishpeople Seafood海鲜舫的网站上输入"追踪你吃的每一条鱼"的编码，你就会发现自己被该品牌深深地吸引住了。

Fishpeople Seafood海鲜舫无疑是本书八个案

例中最成功的一个。通过讲述品牌故事，它让自己脱颖而出，并具备我所列举的八种品牌特征中的每一个，将自身这个普通的初创企业，打造成了一个内涵丰富的品牌，从而取得全面成功。阅读Fishpeople Seafood海鲜舫网站上的《关于我们》这个栏目，你会发现，他们的管理人士是如何理解本书中介绍的八个品牌特征的。

黄金规则 　　　　　　　　　　 Q

1．回到公司成立的起点，看看创始人是怎么走到一起的。通常情况下，公司创立背后都有一个独特的故事。你所要做的就是用清晰易懂的方式把产品故事讲出来。

2．想想在同一行业里，其他品牌的营销故事有什么独特之处能赢得消费者的青睐，然后看看你的细分市场能否参考借鉴。注意根据实际情况来讲好你的品牌故事，比如操作流程、人员配备、产品来源、工作地点或销售渠道。如果调整或改变上面要素或环节能起正面作用，甚至让你的品牌故事更加红火，那么你短期的亏损，会换来长期的回报。

3．让你独特的品牌故事，成为你产品定位的中坚力量，并扎扎实实地走下去。

4．你如果有一个好的品牌故事，就将它用到营销活动中的每一步。品牌故事好似胶合剂，把消费者汇聚在一起，他们不会为此感到厌烦。反复讲好品牌故事，让大家形成一致看法，他们就会自发宣传你的品牌，也就自然成了你的品牌拥护者和推广者。你将不再需要自卖自夸，说服消费者去购买你的产品。强迫消费者出手，他们会不耐烦，客源就会这样流失掉。

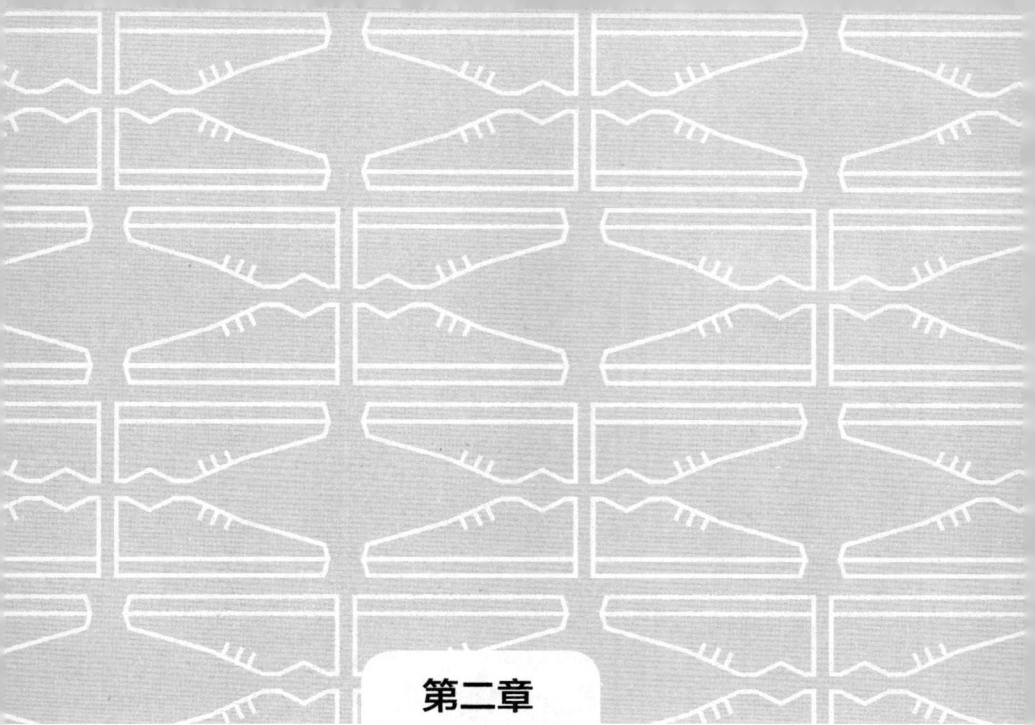

第二章

企业信念

价值观比产品更重要

2008年的那次金融危机，造成美国企业的发展极不稳定，工人大量失业。人们不仅不再信任大银行，而且不再相信大公司。并非巧合的是，大家开始变得节俭起来，有的重新在家学手工制作和烹饪技术，有的只去当地小餐馆吃饭且仅购买廉价工艺品。消费者更倾向于选择值得他们信任的小公司，于是就催生了一批小众品牌。

> 人们渴望买到诚信经营的商家生产的可信赖的产品，于是出现了一个新的消费群体。

我们现在还可以感受到这一变化带来的影响。有顶级品牌公开站出来与某些政客保持距离，因为他们觉得，这些政客的价值观无法与他们的品牌形象相匹配。大卫·盖勒斯（David Celles）在《纽约时报》上说，"本质上看，任何企业都是以盈利为目的的，但他们也会随着时代的变迁，大胆地进行自我调整，以满足消费者对他们在社会责任和政治上的新期望。"即使是位列《福布斯》世界500强之列的企业，也知道必须诚实地对待他们的客户，维护客户们的价值观。现在，不敢这样表态的企业就更加危险了。
很长时间内，某些顶级品牌有一项特殊的规定，
那就是"免谈政治"。然而，这一切从2016年唐
纳德·特朗普（Donald Trump）当选总统开始，
就一去不复返了。同一年，英国提出退出欧盟组
织。企业家们也不再像以前那样远离政治。我们
熟知的大品牌，从耐克（Nike）、星巴克、爱彼
迎、苹果（Apple）和亚马逊（Amazon），到优
步和微软（Microsoft）等，纷纷开始公开抗议特
朗普的移民政策。两家连锁百货公司Nordstrom
和Neiman Marcus也把特朗普总统的女儿伊万
卡·特朗普（Ivanka Trump）的时尚品牌下架
了。可口可乐（Coca-Cola）和爱彼迎，甚至百
威啤酒（Budweiser），都在电视广告中公开表
示支持多元化，反对特朗普总统意识形态方面的

政策。户外用品连锁零售商REI的首席执行官杰里·斯特里茨克（Jerry Stritzke），也公开反对移民改革，反对审查10万英亩公共用地的计划，并敦促人们写信给内政部长瑞安·津克（Ryan Zinke）要求原地保护土地。

> 许多大品牌纷纷开始发表自己的观点，因为现在的消费群体希望他们表态。

这表明：我们和消费者是站在同一条线上，我们有着相同的信念。

星巴克宣布要聘用1万名非法移民，马上有人在推特上发言，要抵制星巴克。星巴克的销售额因此而受到影响，但它还是认为这一冒险决定是很值得的。星巴克选择了与它服务的核心群体保持一致的价值观。

任何一个品牌都要有自己的立场和价值观，做有意义的事情。理想情况下，这些价值观不仅要与客户的价值观相一致，而且还要与它服务的社区价值理念相一致。Localism！（注：加州的一家网站，大力支持本地产的健康食品）首席执行官兼合伙人DW·法洛（DW Ferrell），在接受《福布斯》采访时说："你和你的企业，要主动把品牌价值观与品牌故事融合起来。"他还补充说，如果你想做到这一点，你就需要问一下自己："你如何保持企业收益和企业目标一致？企业行为怎样支持企业使命？"对于价值观，企业家们都有自己的理解和表达。当你在公开场合向他人表明并分享你的价值观时，与你观念相同的人自然会支持你，否则就会站得远远的。这就迫使你要认真思考建立怎样的价值观，切实负起企业责任。如果你回答说："这就是我们的目标和愿望。"大家与你产生共鸣则是理所当然的。

> 企业需要对自己的顾客真诚，因为顾客是企业的上帝。

坐落在加州玛丽安德湾的金融服务公司Aspiration，就很注重客户的感受。它不仅大力宣传其价值观，而且试图用自己的价值观颠覆人们对这个行业的印象。Aspiration有一句宣传口号："我们要做一家人人都会爱上的金融公司。我们的金融和投资服务永远要把客户和对客户的关爱放在第一位。"公司每挣一美元，就捐出一美分给慈善机构，帮助生活困难的美国民众。这与如今的时代精神正好吻合——做一家专注服务大众、做好慈善的金融公司。公司还提出"公平付费"的理念，让消费者享受其提供的免费服务：全球范围内任意使用其ATM自动存取款机，一律不收手续费。看起来简直不敢相信吧？让后人去验证吧，但是对于千禧一代来说，这一做法还是值得拥有和推广的。

澳大利亚有一家非营利机构，名叫OzHarvest Market，其核心价值理念是"培养和滋养"（意指"养育一个有益于社会的人让他身心健康"和"给每个人提供足够的食物让他们生存下去"，二者同等重要）。它是澳洲第一家拯救剩食的超市，专门收集过期但仍然能食用的食品，放在货架上供需要的人挑选，客户只需"拿你所需，给你所能"。所以，你可以想象到，有人拎着满满一袋食物，不付一分钱，只给店员一个拥抱，就离开了。该店没有什么创新产品，也没有摆放大减价或"买二送一"的标签。OzHarvest Market告诉人们一个强烈的信念：是食物就不能浪费掉，你完全可以送给那些急需的人。这是一个平凡的道理，任何人都可以接受。当然，盈利企业不可能免费送出自己的产品，但OzHarvest Market作为一家非营利机构，能一贯坚守自己的价值观，我们还是能够从中学到不少的。

案例分析：GEA手工鞋

售卖产品：鞋

在奥地利与家人共度美好时光的
时候，我偶然看到一家制鞋店GEA。
它是一个用信念诠释品牌的典型例子。
它的鞋全是现场生产，传统手工打造，
维护方便，且经久耐用。鞋店位于奥地
利失业率最高的地区之一。GEA在当
地享有良好的社会声誉，环保记录无人
能比。就在该店各方面评价优秀时，魅
力十足的老板海力·施陶丁格（Heini
Staudinper）决定发行一份有关政治问题
的报纸，名叫"*Brennstoff*"（意为：
加油），大胆刊发他的个人观点。热点

问题涉及政治、宗教和经济。他的文字直接指向某些社会现实问题，很多人并不赞同他的观点，甚至一些企业家、银行家和投资人为此感到失望和愤怒，但也有不少欣赏他的人真心实意地拥护他。GEA是一家营利性公司，以地球女神命名［公司自己发行货币，名叫"瓦尔德维特勒"（Waldviertler），本地大约有200家企业使用］。它反对过度消费和资本积累。通过众筹吸引了大量资金后，GEA扩大经营的方式不是增加店面，而是放弃传统的做法，另辟蹊径，比如建立一所学校或研究机构。施陶丁格逢人就讲他那样做的理由。他还在纪录片《日子不能重复地过》中说道：

"我对资本没有兴趣，我是个享受生活的人。"。该纪录片刚好是我兄弟的制片公司NGF拍摄的，由尼科尔·舍格（Nicole Scherg）导演。

敢于不畏权贵、敢于为少数人代言，能造就一个品牌的核心理念和价值观，赢得消费者的共同认可。GEA的品牌完全是这样建立起来的。GEA的故事表明，品牌的价值观能够帮助打造一个品牌，哪怕是一些比较极端的政治观点。它能把你的观念没有偏差地转移到你的品牌上面。施陶丁格就是这样成功的。

黄金规则   🔍

1．共同的价值观与你的产品本身相比，对消费群体的影响力要大得多。

2．只有深刻理解了你的消费群体，与他们达成共识，才能跟他们建立广泛的联系。这就需要多观察，多倾听，尤其重要的是，要以非正式、公开坦诚的方式，跟他们在社交媒体上互动往来，还要亲自参与对话（不要以小组形式交流，以免你认为过于简单）。

3．狂热而执着的信念，如果能大胆、真诚、理性地表达出来，能增强企业活力。共同的价值观和信念，还有助于提升销售业绩，提升股价，为企业发展带来更多福利。

第三章

公益事业

社会责任比产品销量更重要

如果把公司品牌与公益事业紧密联系在一起，并执行到位，能助推公司品牌准确定位。总部位于澳大利亚悉尼市的Campos咖啡创始人兼总裁威尔·杨（Will Yong），在公司的介绍视频中，谈到为何要打造一个目标导向和公益导向品牌时，说出了他创立公司的最初想法："如果我们不把品牌做好，那为什么还要天天早起去上班呢？"这番话强有力地道出了Campos咖啡的使命：加入国际贸易公平认证组织；坚守道德底线，致力慈善事业，提高所在社区教育质量，改善居民生活水平，成为一个受欢迎的"直接贸易"商。

威尔·杨作为新一代创业者中的一员，他们的观点是："我们不单纯是为金钱工作。金钱虽然是必需品，但并不是我们工作的动力。"他们创办的企业更看重其产品和品牌的形象，他们认为为公司树立正面的形象远比单纯地提升产品销量更有意义。

年轻人都想强调目标，这可能就是慈善机构Pledge1%诞生的原因。它鼓励其他初创公司把他们1%的股权，或1%的产品，或1%的利润或1%的时间奉献给慈善机构。Pledge1%的首席执行官艾米·耐思尼克（Amy Lesnick）告诉《快公司》杂志，"企业慈善活动将十分普及，就像公司给新员工赠送股份一样。再过15年，我们公司也许不会这样做了。"

　　尝试公益营销方式的前提，是企业创始人要有一颗无私的心。销售任何产品，无论是新产品或大众产品，企业家必须考虑清楚，为什么选择这个时段上市？为什么消费者会接受它们？否则，消费者就会产生疑问："这到底是一款什么样的产品？"

　　有一个品牌用一种独特的方式回答了上述的问题。它的名字叫"无包装产品店"（Package Free Shop），专门出售牙刷、剃须刀、肥皂、手提袋、洗衣粉等日用品。虽然它只是一家很普通的商店，但百分之百采用公益营销模式：如果消费者不喜欢买一次性产品，该店就教他们学会怎样过"零垃圾生活"，从而去购买可重复使用的产品，改变以往浪费资源的坏习惯。

作为企业老板，要经常问问自己，你的品牌可以给社会回馈什么。公益营销理念强调产品或服务形象，远比产品销量重要得多。你必须向公众表明，你的企业做到了，因为公益营销并不是一件难事。

研究表明，顾客青睐那些支持慈善事业的品牌。专门从事这方面调查的一家公司Toluna最近发现，39%的消费者喜欢像TOMS鞋店采用的"买一捐一"的公益营销模式。

大多数消费者希望企业能积极参与社会公益事业，他们更愿意购买那些参与某一慈善项目的品牌产品。

根据调查，新一代创业者中高达49%的人将采用公益营销模式打造自己的品牌。

"买一捐一"，只是企业通过公益营销塑造品牌的一种方式。下面向大家列举一些更具创新性的方式，看看这些初创企业是如何通过慈善活动来发现目标客户，提高产品销量，获取更多利润，回馈社会的。

1．在发展中国家通过大量采购、提供就业机会，以及开发公益项目、发展职业教育、开展技能培训等活动，培养工匠人才。

2．将利润的1%捐赠给慈善机构。

3．生产环境友好型、有机、不含化学成分的产品，不拿动物做实验。与消费者共同开展公益活动。

4．给妇女同工同酬的待遇。今天还提这样的要求，实在令人难过。遗憾的是，大多数企业老板还做不到这点。

　　我们进入了一个产业支离破碎的时代，其表现就是极度缺乏产品创新和加工透明性。因此，坚守B级资质企业应有的价值观，对我们来说是一个挑战，也是我们渴望努力实现的愿望。我们克服了这个挑战，得到了各方面的回报，比如，我们在渔民、职员和客户三者之间建立起了紧密牢固的关系。

肯·普拉斯

FISHPEOPLE SEAFOOD海鲜舫首席执行官

5．获得B级资质证书，"严格遵守环境保护标准，担当社会责任，公正公开透明。"

6．不要嫌弃那些有心理缺陷或身体残疾的人，或曾经服刑过的犯人，虽然有充足的理由不雇佣他们，但还是请再给他们一次就业的机会。

7．谨记和员工、客户一起全面友好合作。

当然，无论你选择什么方式，你的公益行为都必须为接受者带来真正的价值，而且要贯穿于产品的整个生产过程。例如，制造儿童服装的本尼森公司，开展"为了秘鲁母亲"的"买一捐一"慈善活动——消费者每购买一件童装，他们就捐给秘鲁孩子一件童装。该活动后来扩展到全球其他贫困国家和地区的所有母亲都受益。

但是，在你没有弄清公益事业关联营销模式的含义时，不要随波逐流而轻易地采用它。不是所有人都认为该模式适合自己的企业，能为企业发展奠定基础。美国真人秀节目《创智赢家》主持人凯文·奥利里（Kevin O'leary）就是一个怀疑论者。2016年3月，他在接受《INC公司》杂志采访时公开声称："改变公司模式以解决所有社会问题的想法，完全不是美国人的思路。"他说："我们再也不需要其他公司去做这方面的尝试。我们期望企业将更多资本返还给企业所有者，以便他们去做自己喜欢做的事。"

凯文·奥利里还认为，企业把自己的部分利润直接捐给慈善机构，是一件有意义的事情。将"买一赠一"的营销模式简单运用到所有产

品上，比如厨房的洗菜盆，会让人觉得这是一种
营销噱头，而令人厌烦，不会真正利于企业的
发展。辛纳蒙·杨泽尔（Cinnawon Janzer）和
劳伦·温斯坦（Lauren Weinstein）两位记者于
2015年在《快公司》杂志上发表过言辞激烈的文
章，"实际上，采用'买一赠一'的营销方式，
是企业在进行自我吹嘘。以为脚上穿一双TOMS
鞋子，或者脖子戴上被剥夺选举权的女人们手工
制作的项链，或者社交媒体上发几张精心挑选的
照片，就是在提升自身形象，反映社会变革，这
不免让人觉得是在伪装。"现在看来，"买一赠
一"的营销活动，不能从根本上解决贫穷等社会
问题。越来越多的有社会责任感的企业发现这
一问题后，开始采用"全新的、有改进的"营
销模式。responsibuys网站报道，"人们现在

将企业划分为三种类型：一流的企业重塑自身形象，二流企业实施公益模式，三流企业解决表面问题。"

有时，公益营销策略如果应用不当，也会对塑造企业形象起反作用。最近，我去星巴克买KIND牌能量棒，我告诉服务员我用手机下了一包KIND订单，结果他们说没有我要的这种能量棒。于是我认真核查能量棒订单，原来我要买的能量棒在页面上显示为"拯救生命能量棒"。还能说什么呢？"哦，就这样吧，就买这种拯救生命能量棒，马达加斯加香草、杏仁、蜂蜜口味的。"真是让人匪夷所思，这个牌子怎么会和拯救生命联系在一起呢？拯救生命、产品、消费者这三方之间毫无关联可言。

还有其他一些例子，如Project 7公司。据《企

"哦，
就这样吧，
就买
这种
拯救生命
能量棒，
马达加斯加
香草、
杏仁、
蜂蜜
口味的。"

作者
当地星巴克店

业家》杂志报道，该公司改变策略后的经营理念是"产品远比公益重要"。最初公司仅仅依靠公益提升品牌的策略致使其生产的瓶装水、口香糖、薄荷糖等大众化产品质量低劣，结果让公司举步维艰。后来该公司不得不改变策略，开始注重产品质量，最后赢得成功。对于初创企业而言，单纯依靠公益营销模式，而不提升产品品质，公司形象一定会受到影响。

最后，如果你决定采用公益营销方式打造品牌，请注意一定要把公益事业和你的产品联合起来。苹果公司就有一个很失败的例子，苹果手表配上TOMS表带（广告口号是"准确报时的手表"），这样的组合搭配很显然不合适，因为苹果品牌与TOMS不在同一个层次，苹果手表是一个高端产品，定价高，只有少数人买得起。尽管

TOMS后来向每一位购买了该表带的客户赠送了一个太阳能手电筒，大家还是觉得这样的关联销售并不匹配。对于苹果公司来说，它失去了产品本身的创新，但在促销上还是利用了消费者之前的热情。现在，还是有很多初创企业，着手进行公益关联营销，实施"买一赠一"这种老掉牙的营销策略。生产袜子的Bombas公司就是一个例子。

案例分析：Bombas运动袜

售卖产品：袜子

运动袜制造商Happy Socks和Stance两家初创企业，利用他们的趣味设计和后来的技术创新，赢得了广大消费者的青睐，令整个行业为之惊叹。另一家初创公司Bombas，没有从技术创新层面入手，而是找到了另一个突破口——帮助无家可归的人。Bombas同样找到了潜在的客户。

乍一看，Bombas和其他典型的初创企业有很多相似之处，比如铺天盖地的视频宣传，广告词说得天花乱坠，如"前所未有的运动袜，让你确信无疑""意想不到的好袜子"。还在售卖机上打广告"买一捐一"。与很多品牌相比，Bombas的经营方式也有其不同之处——真正满足社会需求的公益行动：每卖出一双，就捐赠一双。Bombas发现，由于卫生健康的缘故，旧袜子是不能被捐赠的。所以，对无家可归的人来说，所有捐赠物品中，袜子的需求量最大。仅2017年8月，Bombas就捐出400多万双袜子。

Bombas公司捐赠袜子的故事让大多数人感到吃惊。故事很有逻辑性，它吸引了我们的注意，抓住了我们的情感。既然我们都需要一双新袜子，一双"前所未有的运动袜"，当我们都相信它的广告宣传时，我们就很有可能去买。为什么？因为我们是在做一份公益事业——而不仅仅只是渴望得到一双精美的新袜子。当然，我们也希望那是一双无与伦比的袜子，毕竟穿上它可以让我们感觉更舒适。但我觉得，公益之心才是最后激发我们做出购买决定的最重要因素。

如果你的企业准备采用"买一捐一"或"买一送一"的营销策略，你务必想清楚，必须要有一个故事，与你的产品直接结合起来，并且与消费者产生深刻共鸣，而且还得是你的竞争对手模仿不了的，就像Bombas公司做的那样。

"买一捐一"的企业名单

——更多的企业还在加入中……

ALPHA POOCH：购买一张狗狗床，赠送一张狗狗床给宠物救助站。

BABY TERESA：购买一件婴儿套装，赠送一套婴儿装给缺少衣物的婴儿。

BIXBEE/STATE：购买一本书，赠送一个装有文具用品的书包给没有书包的儿童。

BLANKET STATEMENT：购买一张毛毯，赠送一张毛毯给妇女救助站。

BOGO BOWL：购买一袋宠物食

品，赠送一袋宠物食品给动物救助站。

BOGO BRUSH/SMILE SQUARED/ SYNCED SMILES：购买一把牙刷，赠送一把牙刷给需要的人。

EVERYTHING HAPPY: 购买一件物品，送一件物品给需要的孩子。

GOODSPREAD: 购买一瓶花生酱，赠送一包保健食品给营养不良的孩子。

JUGGLE THE WORLD/ONE WORLD FUTBOL：购买一个足球，赠送一个足球给同城的少年。

LSTN：卖出一套高端耳机，送出一套助听器。

MAISON MANO：购买一个枕头，赠送一个枕头给无家可归的人。

PEOPLE WATER/ETHOS WATER：买一瓶水，赠送一瓶水给需要的人。

ROMA BOOTS：购买一双雨鞋，赠送一双雨鞋给需要的孩子。

RUBY CUP：购买一包卫生巾，赠送一包卫生巾给非洲女孩，这样她就可以在月经期间继续上学。

RUNWAY BABY ORGANICS：购买一张毛毯或一本书，赠送一张毛毯或一本书给需要的孩子。

SOAPBOX/HAND IN HAND/ PACHA SOAP：购买一块肥皂，赠送一块肥皂给需要的孩子。

THE COMPANY STORE：购买一床被子，赠送一床被子给需要的孩子。

TOO APPAREL：购买一套女士内衣，赠送一套女士内衣给妇女儿童救助站。

WAKAWAKA：购买一个便携式太阳能灯，赠送一个太阳能灯给没电的家庭。

WARBY PARKER/SOLO EYEWEAR/ WEAR PANDA：购买一副眼镜，为需要矫正眼睛的人提供一次眼部护理。

WEWOOD：购买一块木质手表，种下一棵树苗。

YOOBI：购买一套文具，赠送一套文具给需要的孩子。

YOU AND WHO：购买一件T恤，赠送一件T恤。

如果要你创立一家非营利性企业，该企业关注的不是制造多少产品、获得多大利润，而是如何提供社会影响力，你该怎么办？总部位于达拉斯的一家餐馆Café Momentum，其创始人恰德·豪斯尔（Chad Houser）就是一个活生生的例子。该餐馆聘用的员工，都是些刚刑满释放的少年犯，大约30人。他们在这里接受一年的带薪实习，以便他们有足够的生活和社交经验。干过一段时间后，准备换一份工作时，这些年轻人都会给豪斯尔一个热烈的拥抱，然后说一句"我永远爱你"，接着依依不舍地离开。豪斯尔在接受《理性企业》杂志采访时说，"他们走出门的一瞬间，我真不知道该用什么语言表达我的感受"。

以下是通过公益营销策略打造企业品牌的建议，希望你可以得到一些启示。

黄金规则 　　　　　　　　　　　Q

1．制定切实可行的公益营销战略，必须建立
与目标受众产生情感共鸣的纽带。

2．让客户和社会公众觉得你的公益行动真实
可靠。

3．随着企业规模扩大，产品品种越来越多，
必须保证你的公益活动是可持续发展的，并足够
支撑企业扩张。

4．为了培育基于公司目标的强大企业文化，
必须考虑清楚公益事业能否赢得员工（无论是当
前的还是未来的）的广泛认同和由衷拥护。

5．负责任地公布一份公益活动进展报告，确
保达到年度预期目标，公益理念得到认同，品牌

意识得到加强。

　　6．自始至终不忘公益、回馈社会，把这一理念贯穿整个企业运行中的各个环节，包括员工招聘、公司选址、原料采购、产品加工等等。

第四章

怀旧营销

产地比产品更重要

我们喜欢怀念曾经生活过的地方，有人把这些地方称作家乡，有人希望将来重返一次，因为我们对它们产生了感情，似乎还找到了归属感。从依云牌矿泉水（Evian）到哈根达斯冰淇淋（Häagen-Dazs）的例子中，我们发现营销活动早已充分利用了人们渴望故地重游的心理情结，并把它融入品牌建设中，让"故地"发挥意想不到的作用。依云是瑞士日内瓦湖南岸一个小镇的名字，我有幸在那小住过，湖景优美，令人流连忘返。依云矿泉水标签上就印有其原产地依云小镇的美景。哈根达斯，听着像一个丹麦语词语，实际上是来自布朗克斯区，位于曼哈顿北面，纽约的五大区之一。下次你使用"爱尔兰之春"牌肥皂时，你应该想起德国的风景，而不是凯尔特人生活的风景，因为德国才是"爱尔兰之春"肥皂的原产地。

接下来，我们再谈今天的产品品牌。如果你能将你的产品与消费者的愿望、产品原产地联系起来，编成一个有怀旧感的品牌故事，这是一件非常有意义的事情，其实这是在帮助你的企业建立一个"品牌光环"。

> 打个比喻：怀旧就是传承这条高速公路的一个出口。

怀旧营销战略对打造品牌一直在发挥着重要作用。这也是为什么可口可乐公司每年都把圣诞老人的旧画像送给我们，新歌手每年唱一曲"上一个圣诞节"，勾起我们许多美好的回忆。是的，新年，新气象，可怀旧依然发生，演员和歌手乔治亚·迈克尔（George Michael）2016年去世的那一年，也是同样如此，甚至更多。其实，我们的怀旧思想一直存在，因为现在我们可以证明，过去的那段时光的确很美妙。大众文化中，我们可以预见复古回归何时出现。目前，20世纪80年代的回忆慢慢让位给90年代的回忆，包括流行音乐、时尚潮流和平面设计等，以及看看书籍，听听唱片，玩玩游戏Pokémon GO和拍拍照片（用迷你相机拍立得）的习惯。

　　如何将新品牌与消费者联系在一起？英国20世纪90年代最负盛名的摇滚乐团之一Blur乐队是这样做的：打怀旧主题，唱流行歌曲。

　　歌迷们沸腾起来，跟着乐队一起唱着。歌词和旋律并不那么优美，但他们情绪高涨，充满喜悦，有些人还激动得流泪了。演出场面看起来十分热烈。其实观众的亢奋和乐队的表演没有直接关系，也不是那些歌曲让他们回忆起了自己的青春。可能现场的氛围激起了观众对年少时期常听的磁带和唱片的怀念，还有那些他们追捧的时尚T恤和乐队男孩。每个人都回忆起了自己的过去，一段回忆接着另一段回忆。我们都知道，生活就是一个个美好瞬间的合集。还记得柯达（Kodak）时代吗？今天我们都在用苹果手机拍照了。其实，过去的记忆总会让我们想到某个品牌，只有那些印象深刻的特殊时段才让我们对这个品牌产生回忆。忘了你第一次跑马拉松没？跑到终点，有人给你递上一瓶佳得乐（Gatorade）饮料。那一时刻，你永远不会忘记。从此，每次你运动完后就想喝佳得乐。如果有人问你为什么，你也说不出个究竟，但你就是喜欢佳得乐。

　　一个怀旧品牌就这样诞生了。

如何将新品牌与消费者就像流行歌曲一样紧密联系起来?

——节选自《新品牌邮报》（*The New Brand Post*）

　　底特律本土的一个品牌是很有必要提到的，那就是手表制造商Shinola，当今最后一个怀旧营销品牌。我曾经也是Shinola品牌故事的忠实粉丝，也在它的网上商城买过很多很贵的东西。遗憾的是，现在它的门店风格和其他的零售商风格趋同了。在我看来，Shinola已经让我感觉不到来自底特律这座老城的自有品牌的魅力了。特别是在我看到它的限量版手表盒（盒子上写着"拥有一份底特律的回忆"的广告语）内装有明星摄影师布鲁斯·韦伯（Brace Weber）拍的当地人和超级模特的合影后，我就敏锐地感觉到这个怀旧品牌已经不复存在了，因为它的产品在往时尚方向发展，比如自行车、背包、录音机、记事本等等。这对一个依靠怀旧营销快速发展起来的品牌来说，风险是极大的。当然，它们也许会获得

成功，但如何在坚守怀旧老城原样的理念基础
上，实现品牌的可持续增长呢？汤姆·卡托提斯
（Tom Kartsotis），Shinola手表的创始人，也
是Fossil手表的创始人，其实也完全知道这些风
险的存在。2016年4月，他在接受《INC公司》
杂志采访时表示"我的野心比我的雄心还要大，
我可以编造一些假的东西，仍然能够'骗'到大
家"。这的确成为了现实，因为Shinola的怀旧营
销手段已经大功告成。下面，我们把Shinola作
为一个例子，探讨一下它是如何依赖怀旧营销
来推销产品的。

案例分析：Shinola手表

售卖产品：手表

作家施德西·铂曼（Stacy Perman）在《INC公司》杂志上发表过一篇文章，主标题为《Shinola的真实发展历程》，讲述了Shinola公司手工制表的曲折经历。文章的副标题为：《德州大佬在全美最没有活力的城市，打造了一个全球知名品牌，市值2.25亿美元》。

由于汽车工业的逐渐衰落，特别是2008年金融危机带来的创伤，底特律这个以高质量制造业基地出名的地方，失去了城市原有的光环，变成了一座无人居住的鬼城。但Shinola选择了底特律，并承诺会提供就业机会和优质产品，让这座被遗弃的汽车城重现辉煌。正如Shinola的广告语所言，"认为底特律再无前途的人们，我们会再次让你们看到希望（Birdy）。""Birdy"碰巧是Shinola系列手表中的一个名字，正好用在了那句广告语中。聪明！高明！Shinola品牌就这样从头到尾将怀旧和传统巧妙地融合在一起，品牌故事描述了底特律工人的生活质量是如何提高的，还详细介绍了现场手工制作产品的各种细节等，让人们产生怀旧之情。事实证明，Shinola的怀旧营销手段极为成功，帮助企业不断扩大规模，成为一个强大品牌。其市场覆盖已远远超过原产地底特律，各地的Costco连锁店、自己的旗舰店，从纽约曼哈顿的三角地区到洛杉矶的市中心（英文简写DTLA），你都能买到Shinola手表。美国前总统奥巴马（Obama）和克林顿（Bill Clinton），也都戴着Shinola手表。

这就是一个来自老城底特律的、精彩的手工制表故事。*PAPER*杂志创始人大卫·赫尔希阔维兹（David Hershkovits）说道："底特律政府可能已经破产了，Shinola却发出了一个信号——美国了不起的城市底特律复苏之路已经开始了。"

黄金规则 🔍

1．将品牌和某段历史故事相结合，让它为你的企业代言。

2．怀旧对象有可能会成为负面新闻的头版头条。认识到这种风险，尽量避免这种情况的发生，并随时准备将它转化成正面新闻，成为产品的非正式代言人。

3．主打怀旧的营销策略，需要品牌方事前仔细规划，确保人们相信它的真实性。

4．用怀旧营销的手段来打造品牌，可以赢得本地民众的支持，可以快速显著地提升品牌价值。

第五章

客户体验

点点愉悦比产品更重要

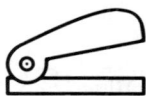

过去几年，"惊喜与愉悦"成了市
场营销人员的一条流行语。实际
上，我发现我的客户大多数时候都不完全理解其
意义。如果不给他们充分的指导（教会他们调整
现有的工作流程和预算费用），他们想做到目前
的业界要求，会感到十分棘手和困难。**但是，作**
为一个新品牌，持之以恒地为消费者提供周全的
服务和愉悦的体验，能够让你在众多同行竞争对
手中脱颖而出。客户服务的全过程，也是品牌传

播的全过程。让你的每个客户拥有满意和喜悦，也能让你的品牌传播声音悦耳和动听。

下一次你在销售推广时，如果顾客不希望你再提供样品之类的赠品，好好想想你还能有什么更好的选择？或许你一个不经意的行为或举动，他们就会把你当朋友。如果你坚持这样做下去，你的朋友圈将由一个人扩大到整个社区。

Chewy就是这方面的成功典范。这是一家卖宠物食品的商店，自2011年成立起，就十分注重顾客的购物体验。虽然有人认为，这根本不能给企业发展带来任何好处。著名商业杂志《彭博商业周刊》（*Bloomberg Businessweek*）报道，Chewy年销售收入8.8亿美元，可直到2016年11月末，它还没有开始盈利。尽管如此，Chewy仍然坚持认真对待每一位来访的客户，详细记录客户的购物体验，向客户提供24小时服务热线，耐心解答饲养宠物的一切问题。他们还定期向客户寄送各种致谢卡和节日祝福卡，卡上有顾客宠物名字的手写体签名。Chewy还聘请了专职的美工人员，为客户的宠物制作画像（根据各自宠物的长相，制作出精新的油画），每个星期能画出700幅。这些画会作为礼品赠送给客户，他们收到后必然是喜出望外的。

> 惊喜和愉悦体验，同真实性和共鸣感紧密结合，才是成功的品牌战略。

庞大的客户群，帮助Chewy明确了市场定位，同时告诉我们，建立一个靠谱的品牌，通

常比快速赚取巨额利润更有价值。2017年4月，
全球最大的宠物服务公司PetSmart以惊人的价
格——34亿美元，收购了Chewy。《彭博商业周
刊》杂志评价说，这是电子商务企业历史上的一
个奇迹！

娱乐性连锁餐饮品牌大碗公社（Punch Bowl
Social）有一句广告词——"年轻一代应该来的
酒吧"。《INC公司》杂志报道，该公司为了吸
引那些穿低腰裤的时尚达人和他们的追随者，特
意把年轻人喝酒的地方，打造成了一个多功能娱
乐中心，除了提供手工调制的鸡尾酒和晚餐外，
从保龄球、地滚球、乒乓球、游泳池，到电子游
戏、卡拉OK等等，应有尽有，深受20~30岁年
轻人的喜爱。大碗公社的影响力，堪比能让孩子
真正体验到童年应该享受到快乐的查克·芝士店

不久前，我开车经过加州威尼斯时，留意到一家冲浪店，它最近肯定被人破门闯入过。我很好奇店门上的几个字，于是迅速拿起手机，拍下了这张照片。对我来说，门上的四个单词再常见不过了——CANT STEAL OUR VIBE（不能窃取我们的灵魂），可那半句话却非常巧妙地道出了我们该如何帮助客户真正理解公司的宗旨。我们必须认真对待的是，确立好公司的"灵魂"，一种我们自己能充分展示，我们的客户也能完全接受的灵魂。它会成为我们的工作常态，可以轻松地传播；即使我们的竞争对手闯进我们的办公室，他们也不能随意偷走的灵魂。架子鼓鼓手凯思·穆恩（Keith Moon）拥有自己的灵魂，依靠它打鼓一举成名；滑雪高手克雷格·凯利（Craig Kelly）同样如此，雪上冲浪赢得掌声。优秀的鼓手和滑雪高手有很多，但他们没能形成自己的风格或灵魂，因而最终没能扬名天下。Poppin公司让客户在收到邮购的订书机时，也能一下子变得无比兴奋，靠的是什么？就是他们公司的灵魂——给予客户愉悦的体验。这种灵魂是他们成功打造品牌的根基。"不能窃取我们的灵魂"演变成了街头文化中的一句诗，每个创立品牌的公司都应该从中得到启示。如果你的门店被洗劫一空，如果你的公司遭遇滑铁卢，你的品牌还能剩下什么？你重建品牌的根基是什么？不是你的产品和销量，而是你企业的激情和灵魂。

不能窃取我们的灵魂！

——摘选自《新品牌邮报》

（Chuck E Cheese）。其实，为顾客提供充满愉悦的消费体验，并不需要刻意地创新。

Poppin公司就是在客户体验上做到极度愉悦的一个典型案例。它是一家初创企业，刚开始只是经营各种家庭日常用品，很快就发展成为一家专卖办公用品的王牌企业。我选中它做案例，就是因为它把普普通通的办公用品，成功地演绎到趣味横生，让人爱不释手、欲罢不能。

案例分析： Poppin办公用品店

售卖产品：廉价的办公用品

一般情况下，办公用品要么就是特别普通廉价的，要么就是非常好看，但价格昂贵的。因此，全球各地大多数办公桌看起来都非常单调乏味。总部位于纽约的Poppin公司，就是在这种情况下，推出了价格低廉、花色繁多，能够满足个性化需求的办公用品，比如订书机、计算器、笔记本等等，品种繁多，款式齐全，能让客户在无聊的工作环境中享受一番乐趣。这样一个很普通的办公用品行业，其市场几乎要被中断时，菲利普·史达克（Philippe Starck）等设计师，让它起死回生了。我们要向他们致以衷心地感谢。没有依靠产品设计创新，仅仅靠提供给客户小小的满足感，一大批主流办公用品供货商得以颠覆市场，取得成功。

Poppin公司的沟通方式，正如其产品一样给人愉悦和惊喜。例如他们不再通过电子邮件发送订单确认书，而是给客户邮寄一个包裹，他们拆开时，看到一个有趣的塑料订书机，充满魅力的品牌体验不免油然而生，让他们单调乏味的朝九晚五的职场生活趣味横生。

最让人感到不可思议的，就是Poppin的产品没有任何科技创新元素，全靠增加产品的视觉效果和文字表达。订书机还是原来的订书机，只不过Poppin把订书机做成橘黄色，一种能够让人开心愉悦的颜色。如此廉价的产品，其实也能够给你的办公生活带来快乐。

黄金规则 　　　　　　　　　　　　　Q

1．给你的产品配上文字和涂上颜色，你能给它找到一个不起眼的细分市场。

2．找出你的顾客何时何地觉得有什么不满意，然后给他们一个惊喜的答复，让他们感到高兴。这些小的举动能给你带来巨大的好处，影响他们的购物偏好形成。

3．你的品牌通常采用什么样的沟通方式？力争使它给消费者一种愉悦的体验。我与各种不同的品牌打过交道，但很多品牌，没有在发送电子邮件这种小事上下过功夫。其实邮件也可以给客户留下非常好的印象，你投放的那些耀眼夺目的广告，都不一定赶得上邮件的效果来得更直接。

4．数字时代，要增加品牌的愉悦度，最根本
的就是让客户的问题简单化。找到客户的问题，
尽力帮助他们解决。不是仅仅想到客户，而是时
时为他们的一切着想。

有趣的是，统计发现，发送电子邮件的投资
回报率为122%，是其他营销模式的4倍，比如社交
媒体、直接邮寄和付费调查。

第六章

品牌透明

信任度比产品更重要

"我觉得相亲网站MATCH.com的广告比电话电报公司At&T的宣传要诚信得多！"

约翰·莱格尔（John Legere）
移动电话运营商T-mobile首席执行官

我们中有一些人，特别是那些有一定年纪且阅历丰富的营销人员，一定都还记得Avis汽车租赁公司发布的那则著名广告，明确告诉公众Avis不是行业第一，排第一的是另外一家租车公司Hertz。其广告词说："Avis汽车租赁，我们会更加努力。"这句话暗指Avis公司不是最好的，承认自己在行业内排名第二的位置，显示出诚信服务的一面，成功地将诚信理念转化为经营优势，品牌的透明度由此而

生。在20世纪60年代，还没有哪家公司敢尝试类
似的广告宣传。

　　随着时间流逝，很多新品牌依靠"透明"
策略走向成功。移动电话运营商T－mobile公司
有句名言："没有隐藏的秘密。"在此宗旨指导
下，该公司推出"我们不是一般的营运商Un－
carrier"系列计划，公开表明"我们不再像其他
运营商那样做事，其他公司所做的事情，我们
不做。"公司首席执行官约翰·莱格尔（John
Legere），讲话十分直率激进，刚上任不久，他
就开始口无遮拦地攻击竞争对手——电话电报公
司AT&T和通信公司Verizon，指责他们玩弄价格
欺诈。实际上，电信收费一直是行业中讳莫如深
的问题，大家都不愿公开，而T－mobile公司却高
调宣称本公司的产品是最实惠的。莱格尔在《哈

弗商业评论》杂志上指出，"消费者非常讨厌那些不透明的收费，憎恨被迫签订捆绑收费合约，因为他们根本无法弄清自己的通话费、流量费、漫游费等等是怎样计算出来的，各种额外收费让他们无能为力。""我觉得相亲网站MATCH.com的广告比电话电报公司At&T的宣传要诚信得多，"莱格尔总结道。于是，T-mobile的"我们不是一般的营运商Un-carrier"系列方案就这样诞生了，其公开透明的收费计划为公司不断赢得市场份额，公司被誉为"无欺诈组织"，这正是许多无助的消费群体十分期待的。目前，不论是从企业规模还是组织结构看，T-mobile都不再是一家小型的创业公司了，它已经成长为美国通讯行业排名第二的大公司。正是约翰·莱格尔为公司重新找准定位，让它得以起死回生。从T-mobile公司身上，我也看到了一家企业的真实灵魂。

互联网美妆品牌Glossier在产品的透明度方面也是做得非常成功的。这家公司主营美容产品，通过其网站询问客户对产品的偏好，弄清他们喜欢什么样的原料做成的产品等问题，让他们明明白白消费，这就是企业应该表现的态度：对客户的关爱和对产品的透明。Glossier首席执行官艾米莉·维斯（Emily Weiss），曾经也是时尚博主，在接受《企业家》杂志采访时说，"我们主动征求客户的建议，每6～8个月就推出一款新产品。"Glossier公司并不排斥竞争对手，甚至利用社交媒体的渠道积极互动往来。维斯在接受《快公司》杂志采访时说，"女性在讨论美容产品时，都是非常坦诚的。很多公司试图忽视这一事实，而我们则高度重视它。"

诚实守信会让你得到长期回报：

"不到三年时间，Glossier公司就推出了24种产品，价格在12～35美元之间。"《企业家》杂志报道说，"公司每年的销售收入增速达600%；过去的12个月，品牌的忠实客户数量增加了两倍，公司一跃而成同行中的佼佼者之一。"作为公司创始人，或首席执行官，或营销总监，不仅自己要言行一致，还要对客户诚实守信——为了准确定位品牌，必须向消费者讲出真话，赢得他们的信任。维斯就是这样积极地了解消费者需求，然后坚定不移地执行公司预案。

如果你的公司整个经营活动过于复杂繁琐，

有很多不透明的地方，那么消费者将需要花费大量的时间和精力才能了解你的产品和品牌。

总部位于洛杉矶的Ritual公司，专门经销女性用维生素产品。它一贯秉承诚实守信的经营理念，保持简洁明了的供应渠道。通过其网站，公开产品成分的来源和制造商名称，以及产品临床试验的详细信息。作为一个销售素食、无染色剂、无蔗糖、无麸质、无转基因和无乳制品的企业，Ritual公司坚守公开透明规则，因为它知道，公司的每一个客户对这些信息都非常关注，公司的价值观与客户的利益永远是一致的。

任何品牌，要追求诚实守信理念，只有走公开透明经营之道，才能获得成功。不过，这是需要足够的勇气和胆量的。只要坚持在这条路上走下去，你就没有回头路可走了。比如，你在网站上公布了2018年的财务报表，2019年如果你不接着公布，那就会起反作用了。

案例分析：Everlane服装

售卖产品：服装

Everlane是一家在线服装零售商。它发现，消费者慢慢开始看重自己购买时装的所有细节，例如尺寸大小、面料构成，甚至设计师的兴趣偏好等等。公司首席执行官兼创始人麦克·普雷斯门（Michael Preysman）的经营理念已深入人心，那就是"每件产品的生产过程必须是透明的，而且要用真实数据来说明产品信息。"他在接受品牌推广媒体《广告周刊》采访时说："现在由于社交媒体的普及，人们越来越想知道服装的制作程序。当然，他们也了解了一些行业黑幕的存在。如果我们告诉消费者越多的真相，他们就会越清楚为什么他们自己的选择是对的。"

Everlane不仅把车间设备和员工制衣的图片一一展示出来，而且告知消费者每件产品的各种成本构成，让大家觉得其品牌真实可信，这就是它们完全透明的战略。此外，公司还制定了工厂分级考核和成本审核框架方案，多途径加强过程管理。公司还实施了"完全透明"

到"极限透明"的措施，进一步压低生产成本，将网上销售最好的一款羊绒产品减价25美元，一下子引发了购买狂潮。这就是赢得客户青睐的有效途径。

黄金规则 　　　　　　　　　　　　　 🔍

1．公开产品信息。这是充分展示品牌透明度的唯一方法。客户会据此选择信任你的品牌和产品。

2．承诺完全透明。既然选择公开透明这条路，你就没有回头路走，只能勇往直前。

3．你越是遮遮掩掩，消费者就越想了解产品的真实信息。（如果你经营时装，请公布时装制造的产地，因为这个行业的供应链中有很多丑闻；如果你开办金融公司，要告知资金的来龙去脉；如果你出售食品，要如实回答消费者关于产品成分的问题。）

4．关于品牌透明度和定位问题，要设计好战略方案。该方案的检验尺子是公司的预期投资回报率。品牌透明度中最重要的部分要向消费者公开；而其他方面如若能公开透明，也会带来更多愉悦的体验和更高的顾客满意度。

第七章

与客户同心

心心相印比产品更重要

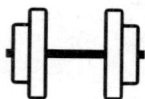

爆米花制造商Popcorn Palace让它的分销商得到50%的销售利润，而其他品牌一般只给分销商30%～40%的销售利润。Popcorn Palace为什么这样做？分销商是它的主要销售渠道和资金来源地，只有获得利润，他们才愿意推销你的商品。Popcorn Palace也是经过很长一段时间才想出此双赢战略的。**很多初创企业也开始尝试此营销方式——将自己的品牌与他人实现梦想的愿望紧密结合在一起。**

在一个特定的小众市场，把你的产品、你的品牌故事和你公司的信念传达给你的客户，让他们接受并与你产生共鸣，这一切都需要你对客户有独特的见解。

> 你的品牌关系到客户的目标诉求，而不仅仅是为了他们的消费需求。让你的品牌成就他们的梦想，实现他们的目标。

在中东地区，乘务共享公司Careem正和优步公司在应用软件App上开展竞争，Careem最终取胜的原因可以归功于它与用户同心。"在沙特阿拉伯，为了帮助人们减轻运输牲口的负担，2016年9月，Careem开始提供把羊直接送到客户家中

的服务。"帕米尔·欧由桑（Parmy Olson）在
《福布斯》杂志上写到。

> 　　大家可能不会想到，网约车公司
> 怎么会和羊联系到一起？如果你能提
> 出这个问题，那就对了。如果不能为
> 用户着想，企业家就不可能打造出一
> 个有意义的品牌。如果有心系客户的服
> 务理念，企业和客户就结成了一个共同
> 体，企业的发展空间就是无穷的。这
> 就是Careem营销团队的亮点。

　　也许你会认为运输羊的故事仅仅是一场促销
活动，不可能长期赢得消费者的真心。但是只要
真正站在消费者的角度想问题，并且让他们感受

到你的诚意，就能打动他们。传奇演员艾伦·阿尔达（Alan Alda）在接受《企业家》杂志采访时说到，"我曾认为，推销就是一种操控他人的行为，我也被人推销过，我打心底反感这种做法。现在我终于明白了，只有真心从消费者的需求出发，为他们着想，才是扩大销售的最有效途径。"Careem就是这样诚心诚意地塑造自己的品牌。

要想做到与客户心心相印，其实也不难，有一些约会软件App就是典型的例子，它们的广泛应用甚至超出我们的想象。这些软件并没有任何的技术创新，用户都是很小众的市场，从"沙拉配对（Salad Match）"（喜欢吃相同沙拉的人玩在一起）到"飞得更高（High There）"（配对好了的单身男女，热情似火，希望飞得像风筝一样高）。虽然天空是不可能无限高的，但"飞得更高"这个App抓住了年轻人想飞天的想法和热情，让它在如此小众的市场上也走向了成功。

　　根据美国劳工部的统计数据显示，
女性员工的平均收入只有男性的77%。
Way Station酒吧的老板注意到了男女
性别差异造成的这种收入不平等现象，
决定7月7日那天，所有女性顾客在Way
Station酒吧消费，可以享受7.7折优惠。
他们知道23%的折扣损失可以用其他很
多方式弥补回来。该酒吧通过"情感共
鸣和态度真实"的营销方式，让这个品
牌一下子吸引了大家的关注。

　　这家酒吧折扣一天的促销方式，让
我想到，为什么此方案不适用于那些经
常开展买一送一的企业？如果你的企业

非常在意男女收入有别，或男女收入不均的问题，那你就采用自己的方法来效仿。假如你的公司完全能履行承诺，言行一致，此方案很容易吸引热心的消费群体，他们会完全认同你的品牌，并乐于与他人分享你的品牌。

你能从纽约Way Station酒吧的定价促销中学到什么？

——摘选自本书作者在《INC公司》杂志的文章

案例分析：Planet Fitness健身房

提供服务：健身

总店坐落在新罕布什尔州的汉普顿健身房有句名言："我们不对任何人有偏见。"它和其他健身房在器材设施、收费价格等方面相差无几，但有一点是其他健身房没法做到的——与客户心心相印。

2006年12月17日，该健身房的官方推特说："如果你太胖，我们不会有偏见，你可以慢慢跑，没问题！一个月只来一次？没关系。还没上过跑步机？告诉你，你不是唯一的一个，很多人都

没用过跑步机。"该帖子清楚地表明了
Planet Fitness和其他健身房的不同之处。
"为什么我们在前台放巧克力？因为巧
克力能把大家聚到一起。"这就是从客
户需求出发考虑问题，是非常明智的举
措。因此该品牌赢得了600多万粉丝，开
了1300多家分店。我可以说，这是一个
完全"不带偏见的地方"。

　　Planet Fitness健身房与客户心相印的
服务理念，不仅让它成功站稳脚跟，而
且还在逐步扩大规模。它与一个被冠以
"无偏见一代"称号的美国男童女童俱
乐部开展合作，共同发起"反霸凌、亲
友善"运动，使得Planet Fitness品牌真
正做到与众不同，这也是它一直渴望拥

有的。

　　与消费者心心相印，共同创建品牌，你不仅要理解那些常被忽视的消费者群体，而且要吸引他们共同参与你的品牌塑造过程，共同建立一个值得信任的品牌。"支付你认为值得的价钱"就是一个很好的品牌推广手段，不仅表达了你的公司理念，而且也展示了你的服务态度——与客户同心。比如，某位艺术人士（著名的英国摇滚乐队电台司令）的演出票价就是由观众来决定的，或者一家餐馆（SAME咖啡屋）让客人自己根据自愿原则来埋单。这是很高尚的做法，双方必须互相信任。一个品牌如果这么做下去，肯定是能够获利的。当

然，如果你打算开办一家社会公众企业

（有高度社会责任感的），并且你有足

够的胆量做下去，你肯定会名声大振的。

黄金规则 🔍

1．启动品牌塑造活动之前，研究你的潜在目标顾客，然后弄清小众客户的想法和习性，并全心全意为他们考虑。选择小众客户，市场确实会受限一些。不过只要你做得好，你就一定会成为这个小众市场的领头羊，而且利润空间不会小。

2．你的一言一行都能证明客户价值的存在。

3．愿意舍弃短期的利润。初创企业一开始就要选择打造自己的用户群体，先不要考虑短期收益。客户利益优先，你才能赢得粉丝支持，投资回报一定是有保障的。

第八章

个性化服务

量身定做比产品更重要

由于技术的发展和自动化手段的运用，大型品牌商已经了解并掌握了产品定制带来的巨大红利，能为用户提供所需的任何产品，如定制瓶装伏特加酒、罐装可乐。仅2017年2月，整个意大利就售卖了700万罐独一无二的坚果酱。消费者倾向于选择独特的设计，尤其喜欢体验量身定做的品牌。实际上，很多厂家销售的产品都是定制出来的。这听起来像是矛盾的，但在某种程度上看，它已经成为一种趋势，叫作大批量定制生产。当今时代，定制比以前更容易，而且会让你在众多同质化的消费品牌中显得与众不同，特别迎合饥渴的消费者需求，对提升品牌美誉度有很大影响。

长久以来，限量版的产品就颇受欢迎。自媒体时代，其影响力更显突出。Budsies是佛罗里达州一家专门生产玩具的公司，他们根据客户提供的自家孩子的涂鸦或照片，专门为他们量身定做毛绒玩具。用户只管寄送孩子们的画作或照片，Budsies就会按要求设计玩具。瞧瞧，多独特的消费体验！厂家与用户之间的纽带就这样形成了！类似这种定制模式的例子还有很多，如总部设在芝加哥的运动鞋品牌Bucketfeet，他们依据设计人员的作品，为客户定制限量款的运动鞋，每一双鞋都足以显示出每个用户的独特个性。另有，瑞典汽车制造商沃尔沃（Volvo），2014年，他们网上限时销售XC90首款车（仅在线预订），47小时内1927辆车全部卖出。据官网称："这款车全球只有1927辆，每辆车编号自选，不少于1个数字。数字包含一定意义，而且是关于自己的故事。标上数字之后，就代表该车完全为你打造。"限量款车型的产量为1927辆，1927年是沃尔沃品牌创立的年份。另外，每辆车的脚踏板上都刻了数字，后置车标也与众不同，印有客户选定的XC90首款车编号。例如，数字1代表瑞典国王卡尔十六世古斯塔夫（Carl XVI Gustav）；数字10代表瑞典足球明星兹拉坦·伊布拉西莫维奇（Zlatan Ibrahimovi）。客户自己确定编号之后，就等着提爱车了。

　　沃尔沃的营销团队知道，限量、定制或个性化生产的车辆才有市场。如果某件产品非常稀缺，或不同寻常，它就能激起消费者前所未有的购买欲，这是传统的营销手段无法做到的。

> 点点浪花，可以汇聚成汹涌波涛。
>
> 独特物品，能够吸引无数拥趸者。
>
> 个性化产品故事，定会流传万里。

　　过去十年，肯定有人在博物馆和设计室看到过瑞士品牌FREITAG生产的挎包，它非常独特，是用卡车车篷和二手车座位安全带的材料制成的，令专业设计师和喜欢DIY的人都感到很不可思议。现在，总部位于洛杉矶的一家创业公司Rareform，也用同样的理念制作各种背包，也是专业定制，只不过用的材料是回收来的广告材料乙烯基，而不是卡车车篷的帆布。根据该公司网站介绍，他们的设计灵感来自"一次南美旅行，看到当地人用回收来的广告牌材料乙烯基做房顶"，因此明显不是抄袭FREITAG的创意。这是改写品牌故事的一次创举，也是营销活动的一个新起点：回收、升级再造富有个性的产品，满足个人的个性化需求，让消费者自豪地拥有一件独一无二的产品。

Rareform公司还和艺术界人士进行合作，比如著名歌手、影片制作人杰克·约翰森（Jack Johnson），还有格莱美奖得主、最佳流行男歌手杰森·马兹（Jason Mraz）等，跨界开展产品推广活动。公司用这些艺人巡回演出时使用的横幅广告（这些广告最后通常会被当作垃圾处理，运送到填埋场），制成各种独特的包包，卖给Rareform品牌、艺人们所在乐队的粉丝，这实际上又形成了一个新的用户群体，因为这些人都渴望得到这样一件独特的物品。不管是回收利用还是升级再造产品，这一理念引起的产品故事和定制生产，必将吸引各界人士的高度关注，并在营销史上起到里程碑的作用。

　　彩色宝石首饰制造商Kendra Scott，创立于2002年，其品牌价值已达10亿美元，它的成功秘诀也是采取个性化生产原则。公司产品标价合理，具有很强的竞争力，消费者选择自己喜欢的款式后，不出几分钟他们就可以拿到自己想要的首饰。在技术创新飞速发展、市场颠覆层出不穷的年代，几乎没有人预料到，一个市值10亿美元

的初创公司，能在宝石行业里面异军突起，实在
是令人刮目相看。

案例分析: FANATICS T恤

售卖产品：粉丝T恤

　　总部坐落在佛罗里达州杰克逊维尔市的
体育运动品牌FANATICS（狂热分子），
是一家授权的品牌制造商，它通过其个
性化的品牌战略，吸引了许多狂热的粉
丝。FANATICS能在15分钟内，就把获
胜一方的喜悦印制到T恤上，卖给粉丝
们。由此可见，它的名字就透露出一半
本案例要研究讨论的内容。

　　每当体育比赛一结束，FANATICS
公司立即开始制作T恤和其他产品。为支
持法拉利车队，他们把"芝加哥沸腾起
来：冲进四强决赛"等口号印制到T恤
上，卖给情绪高涨的粉丝。粉丝与偶
像互动最强烈之时，也是粉丝最有凝聚
力的时候，这是产品推销的最佳时机。

　　无论是赛前还是赛后，粉丝们都
高度重视比赛活动。FANATICS利用
这一契机，采用最个性化的营销方式，
把粉丝与他们的产品捆绑在一起。体育
比赛是粉丝肾上腺素分泌最旺盛的时
候，他们采取各种方式支持自己的偶像
队员，比如在自己的衣服袖子上粘贴偶
像队的标识或写上他们的名字。另外，

FANATICS公司跟全国大学体育协会NACC合作，由NACC授权生产正宗品牌服饰，由此赢得了许多粉丝的信任。其实，能让粉丝在关键时刻买到一件印有偶像标识的T恤衫，穿上后展示自己追捧的球队，这一量身定做的营销手段，也为公司赢得了一枚特殊的奖杯，那就是成功塑造了公司的品牌形象。

黄金规则 　　　　　　　　　　　　Q

1．尽一切可能为消费者定制产品或服务。可以简单地从收集消费者数据开始，围绕消费者所需的服务或产品与他们进行互动，给他们个性化体验。定制化生产可以从点滴做起，逐步扩大范围。

2．提供个性化产品或服务，让你的用户群体觉得满意，还需有惊喜的感觉，这样才能够快速提升你的品牌形象。

3．倾听、收集用户群体对公司产品的使用习惯和评价意见，以便能够进一步了解并掌握他们的个性和特点。在更加细分的市场上，你就能够更好地满足他们个性化服务或产品的需求。

4．把个性化和定制化结合在一起，同时也要接受产品的局限性。把两者结合起来，让它们发挥无穷的潜力。

5．不同的行业，要研究运用有针对性的定制化和个性化生产方式，确保公司财务运行良好，品牌影响力得到提升。

后　记

　　多数人都想拥有具有创新技术的品牌，让自己成为行业的领先者，而且是永远处于优势地位。现在，你应该明白了，普通的产品不见得没有竞争力，你同样可以把普通产品打造成消费者喜爱的、有意义的品牌，并进入他们的内心。寻找产品的DNA，也就是你的品牌故事，你可以尝试问问自己："什么比产品本身更有价值？"如果你能正确运用本书介绍的八种产品的品牌特点及其管理规则，即使你的产品在市场上毫不起眼，它同样能成为受消费者青睐的最佳产品，你的企业就能够走上成功之路。

你有必要把目光向前看，从长远利益出发，你很有必要讲好你的品牌故事，让大众接受并喜欢上你的品牌，这样才能让你的品牌长久不衰。

我相信，你读完这本书之后会很想自己去尝试，把自己的品牌提升一个档次。

把你的想法付诸行动并不难，这让我想到我写的第一本书《如何创立自己的品牌》（2016年版），请使用下面简单的品牌定位表，讲好你的品牌故事。注意要多多强调让消费者相信你的理由：

靶向	**目标客户群**
产品	**类型**
优势	**功能、意义、情感**
理由	**为什么值得相信**

　　既然Fishpeople Seafood海鲜坊卖的海鱼能够讲出它的产品故事，TOMS的老布鞋能够吸引客户的眼球，Poppin的订书机能带给大家愉悦的购物体验，那么请相信你的企业也能塑造出一个黄金品牌，并经久不衰。

　　当你的品牌使用本书的方法，开始走向成功时，请给我发邮件：*fgeyrhalter@finien.com*。

　　也许我会在该书的第二版中写下你的成功故事。

如果你没有成功，对未来的发展不确定，也请给我发邮件。

如果发现书中某个品牌案例不当，也请给我发邮件。

本书举例分析了几个产品的品牌特点。如果你看懂了，弄明白了，你能轻轻松松地运用到你的企业管理中，现在就请开始打造你自己的成功品牌吧！

无需多想，行动起来！

费比恩·盖罗尔特

如果你认为此书对你很有帮助，请在Amazon或者Goodread上面留言。这对我很重要，感谢你们！

♡

致　　谢

　　首先，我要感谢各位读者和粉丝，你们给了我写作的动力和支持；其次，我要感谢我的众多客户，你们坚信我的品牌战略建议，并毫不犹豫地付诸行动，这给我带来了极大的成就感、快乐感和满足感。我还要感谢我的妻子朱迪，因为她给我的生活带来了永恒的甜蜜爱情，还有我的父母，正是因为他们，我才能拥有今天的一切。此外，我还要感谢亚马逊公司创意部总监大卫·格雷丝先生，他花了很大功夫执笔该书的前言部分。还有知名编辑艾蕾·波夫尔德（Elaine Pofeldt）女士，她给了我极大的精神鼓励，并亲自整理、反复修改底稿，使之日臻完善。（如果你是独自一人开办公司，我强烈建议你读读她写的《百万美金》（*Million Dollars*）、《一人公司》（*One-Person Business*）。以下这些同事，也是值得我由衷感谢的：杰西·坎贝尔（Jessie Campbell）把FINIEN公司的品牌设计放在本书页面上，让它成了我作品的身份标志；克里斯汀·汀斯豪尔（Kristen Tischhauser）和艾伦·雷曼（Eilene Zimmerman）无私地帮我物色优秀的编辑；乌威·胡克（Uwe Hook）

提醒我及时发送推文；大卫·贝克（David C. Baker）告诉我动笔时间。最后，我要感谢社交网站Civican的首席执行官弗雷德·斯科特（Freedom Scott）、Springtab的创始人彼德·洒托（Péter Szántó）和DIVISION4 Group乐队，他们为本书的出版提出了很多很好的建议，给予了许多帮助。

关于作者

费比恩·盖罗尔特（Fabian Geyrhalter），品牌战略专家，为洛杉矶知名企业管理顾问公司FINIEN的创办人及校长，该公司致力于为企业打造品牌提供专业的咨询服务；他也是《福布斯》杂志的专栏作家。他的上一部图书作品《如何创立一个品牌》，曾占据亚马逊畅销图书排行榜第一名的位置。有关品牌的想法，他多发表在《华盛顿邮报》《企业家》和Mashable以及The Huffington Post等报刊上。

他还经常担任国际设计大赛的评审，也是互

动与视觉艺术学院（The Academy of Interactive & Visual Arts）的会员，同时也在科技顾问公司Urban Insight 负责执行创意企划。另于南加州大学和艺术设计学院（Art Center College of Design）担任兼任教授。他的品牌作品曾多次获美国图像设计奖（American Graphic Design Awards）等多种奖项。

他服务的客户包括拥有较高增长率的初创公司，比如Jukin Media、Survios 和Vimmia等；也有较成熟的知名大企业，如霍尼韦尔高科技公司（Honeywell）、华纳兄弟娱乐公司（Warner Brothers）、比尔和梅琳达·盖茨基金会（The Bill & Melinda Gates Foundation）、万豪国际旗下的 W酒店（W Hotels）和北美慈善百年品牌善意（Goodwill）等。

　　盖罗尔特出生在奥地利的维也纳，生活和工作在美国加州长滩，研究生毕业于艺术设计学院（Art Center College of Design）。

关于本书

近年快速攻城略地的几大品牌，如健身品牌运动星球Planet Fitness、广泛掳获年轻一族的时尚服饰品牌Everlane和潮袜品牌Bombas等等，它们有何共同特点？它们都能抓得住人们的情感并赢得消费者的心，而且，它们都想走得更远、做得更大。

本书以丰富的案例和精准实在而鲜活生动的语言，分析了手表、袜子、海鱼、订书机等多种日常消费用品及服务迅速发展成为大受欢迎的品牌的几大因素：有故事（Story）、有信念（Belief）、有公益（Cause）、有怀旧（Heritage）、有体验（Delight）、够透明（Transparency）、与客户同心（Solidarity）及个性化（Individuality）等八大因素。本书作者鼓励企业找出创业的初心与原本的价值，以坦诚之心与消费者分享能引起共鸣的故事，更深层地连结到当代的消费之心，以建立基盘壮大事业，而不是汲汲营营于表象包装。无论是新创事业或已晋身福布斯排名的企业，都可以在本书中发现引燃壮志的火花，从而把自身的企业品牌打造得更大更强。